essentials

essentials liefern aktuelles Wissen in konzentrierter Form. Die Essenz dessen, worauf es als „State-of-the-Art" in der gegenwärtigen Fachdiskussion oder in der Praxis ankommt. *essentials* informieren schnell, unkompliziert und verständlich

- als Einführung in ein aktuelles Thema aus Ihrem Fachgebiet
- als Einstieg in ein für Sie noch unbekanntes Themenfeld
- als Einblick, um zum Thema mitreden zu können

Die Bücher in elektronischer und gedruckter Form bringen das Expertenwissen von Springer-Fachautoren kompakt zur Darstellung. Sie sind besonders für die Nutzung als eBook auf Tablet-PCs, eBook-Readern und Smartphones geeignet. *essentials:* Wissensbausteine aus den Wirtschafts, Sozial- und Geisteswissenschaften, aus Technik und Naturwissenschaften sowie aus Medizin, Psychologie und Gesundheitsberufen. Von renommierten Autoren aller Springer-Verlagsmarken.

Weitere Bände in der Reihe http://www.springer.com/series/13088

Simon Walter

Strategie Design

Ein ganzheitliches Strategieverständnis für das digitale Zeitalter

Simon Walter
Berlin, Deutschland

ISSN 2197-6708 ISSN 2197-6716 (electronic)
essentials
ISBN 978-3-658-25996-9 ISBN 978-3-658-25997-6 (eBook)
https://doi.org/10.1007/978-3-658-25997-6

Die Deutsche Nationalbibliothek verzeichnet diese Publikation in der Deutschen Nationalbibliografie; detaillierte bibliografische Daten sind im Internet über http://dnb.d-nb.de abrufbar.

Springer Gabler

Springer Gabler ist ein Imprint der eingetragenen Gesellschaft Springer Fachmedien Wiesbaden GmbH und ist ein Teil von Springer Nature
Die Anschrift der Gesellschaft ist: Abraham-Lincoln-Str. 46, 65189 Wiesbaden, Germany

Was Sie in diesem *essential* finden können

- Gründe, weshalb das digitale Zeitalter ein neues Strategieverständnis braucht.
- Beschreibung aktueller Entwicklungen im wissenschaftlichen Kontext von Strategie und Planung.
- Übertragung des Design Thinking Ansatzes auf die Strategieentwicklung.
- Ausrollung und Darstellung der Denke und Methodik des Strategie Designs.
- Charakteristika und Prinzipien einer erfolgreichen Strategieentwicklung im digitalen Zeitalter.

Vorwort

> Digital transformation is not about technology – it is about strategy and new ways of thinking (David Rogers 2016, S. X).

Die vorliegende Abhandlung fußt auf drei Überzeugungen:

1. Der digitale Wandel ist zu wichtig und zu umfassend, um lediglich aus technologischer Perspektive betrachtet zu werden. Es geht vielmehr um soziokulturelle und ökonomische Veränderungen, um neue Denkweisen und insbesondere um Strategie(n).
2. Die Herausforderungen von morgen, denen Unternehmen bereits heute gegenüberstehen, können nicht mit den Methoden und Lösungen von gestern gemeistert werden. Sie erfordern vielmehr ein Neudenken von Strategie jenseits tradierter Planungslogiken.
3. Um angesichts der immer lauter werdenden Forderung nach Agilität nicht noch mehr an Relevanz zu verlieren, darf Strategie nicht länger selbstreferenziell auf der Metaebene verharren, sondern muss gestalterisch in die Unternehmensprozesse eingreifen.

Mit diesen Überzeugungen bin ich zum Glück nicht alleine. So gebührt mein besonderer Dank meinen ehemaligen Kollegen und Kunden der Strategie- und Innovationsberatung bemorrow. Sie waren immer bereit, neue Denkweisen zuzulassen und alternative Ansätze und Methoden auszuprobieren und lieferten so und mit ihren wertvollen Anmerkungen und Impulsen die Grundlage für die vorliegende Publikation.

Darüber hinaus bedanke mich bei meiner Frau Kerstin Gold für ihre Bereitschaft, mich während der (wie immer länger als geplant dauernden) Arbeit an dieser Abhandlung von ein paar Vaterpflichten zu entlasten. Ihr und meinen beiden Töchtern Ava und Filippa widme ich diesen Essay.

Simon Walter

Inhaltsverzeichnis

Einleitung

1

Eine aktuelle Studie der Innovationsberatung Innosight zeigt, dass die durchschnittliche Verweildauer der im Standard & Poor's 500 Index gelisteten Unternehmen von 36 Jahren 1980 auf inzwischen 24 Jahre zurückgegangen ist (vgl. Anthony et al. 2018 und Abb. 1.1). Setzt sich diese Entwicklung in der prognostizierten Richtung und Geschwindigkeit fort, wird in den kommenden zehn Jahren rund die Hälfte der aktuell im Index vertretenen Firmen durch neue Unternehmen ersetzt sein. Diese teils drastische **Verkürzung der Halbwertszeit etablierter Unternehmen** ist untrennbar mit der in den 80er Jahren des letzten Jahrhunderts einsetzenden Digitalisierung verknüpft und belegt eindrücklich, was Eric Beinhocker (2006) in seinem Buch „The Origin of Wealth" beschrieb: Die beiden zentralen Prämissen, auf denen konventionelle Ansätze des Strategischen Managements beruhen, nämlich die relativ zuverlässige Planbarkeit der Zukunft auf der einen und die nachhaltige Verteidigungsfähigkeit von strategischen Wettbewerbsvorteilen auf der anderen Seite, sind beide heutzutage nicht mehr gegeben. Bezeichnend für diese Erkenntnis ist auch, dass die überwiegende Mehrheit der „exzellenten Unternehmen", die Peters und Waterman (1982) in ihrer bekannten Erfolgsstudie als „America's Best-Run Companies" beschrieben, heutzutage entweder nicht mehr existieren oder zumindest nur noch unterdurchschnittlich erfolgreich sind.[1]

Die mit dem digitalen Wandel einhergehenden Veränderungen in technologischer, ökonomischer, gesellschaftlicher und kultureller Hinsicht führen zu

[1]Makridakis (1996) zeigt z. B., dass bereits zwölf Jahre nach der Untersuchung von Peters und Waterman lediglich noch drei der 36 beschriebenen Unternehmen überdurchschnittlich erfolgreich waren.

S. Walter, *Strategie Design*, essentials,
https://doi.org/10.1007/978-3-658-25997-6_1

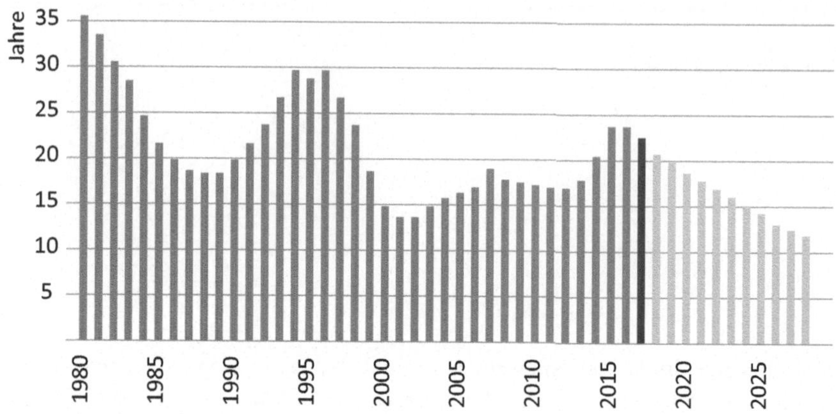

Abb. 1.1 Durchschnittliche Verweildauer in Jahren von Unternehmen im S&P 500 Index

einer noch nie da gewesenen ubiquitären und rasanten Zunahme der **Innovations- und Wettbewerbsdynamik,** auf die Unternehmen grundsätzlich nur mit einer Erhöhung der eigenen Geschwindigkeit reagieren können. Die organisationale Fähigkeit, schneller zu lernen und zu implementieren als die Konkurrenz, wird vor diesem Hintergrund vielerorts zum einzig verbleibenden Wettbewerbsvorteil (vgl. z. B. McGrath 2013). Die Grenzen verlaufen heutzutage nicht mehr zwischen Branchen oder Märkten, dafür immer mehr zwischen schnell (genug) und (zu) langsam. Veränderte Kundenbedürfnisse, neue Wettbewerber und technische Entwicklungen zwingen Unternehmen, ihre Planungshorizonte kontinuierlich und teilweise drastisch zu verkürzen und ihre Strategien und Produkte einer ständigen Überprüfung und Anpassung zu unterziehen (Stichwort: „Always beta"). Klassische Strategieansätze, die fast schon per definitionem von einer gewissen Berechenbarkeit der Zukunft ausgehen, sind dazu ungeeignet. Sie werden dem Wandel der Zeit im wahrsten Sinne des Wortes nicht mehr gerecht. Oder plakativer ausgedrückt: Zukunft ist auch nicht mehr, was sie einmal war.

Das digitale Zeitalter erfordert vielmehr ein **neues, agiles und experimentelles Strategieverständnis,** das den Kunden bzw. seine Bedürfnisse wieder an den Anfang und in den Mittelpunkt des unternehmerischen Denkens und Handelns stellt und Strategieentwicklung und -umsetzung darauf aufbauend als kontinuierlichen organisationalen Lernprozess versteht. Primäre Aufgabe des Strategischen Managements ist nicht mehr die Vorhersage und Antizipation der Zukunft, sondern vielmehr die Vorbereitung des Unternehmens, seiner Mitarbeiter, Strukturen und Prozesse auf eine immer ungewissere Zukunft. Dazu darf Strategie nicht länger selbstreferenziell auf der Meta- oder Vorstandsebene verharren, sondern muss gestalterisch in die Prozesse eingreifen und Analyse, Kreativität und Umsetzung ganzheitlich und iterativ verbinden. Genau darum geht es in dem vorliegenden Beitrag: Ziel ist der Entwurf eines neuen Strategieverständnisses für das digitale Zeitalter und seine Übersetzung in eine konkrete Praxis, die den formulierten Anforderungen gerecht wird und somit die Ausgangslage schafft, die mit der Digitalisierung einhergehenden Chancen unternehmerisch zu nutzen und die Herausforderungen zu identifizieren und zu meistern.

Nach diesen kurzen einführenden Überlegungen geht es im zweiten Kapitel um die zentralen unternehmerischen Veränderungen und Herausforderungen des digitalen Zeitalters, bevor im dritten Kapitel relevante Entwicklungen des Strategie-Konzepts im wissenschaftlichen Kontext von Planung und Management kurz besprochen werden. In Kapitel vier wird die Denke und Methodik des Strategie Designs ausgerollt und im fünften Kapitel mit dem Strategy Studio ein Ansatz vorgestellt, wie sich diese in eine unternehmerische Praxis übersetzten lassen. Das sechste und letzte Kapitel fasst noch einmal die wichtigsten Charakteristika und Handlungsprinzipien des Strategie Designs als eine Art Fazit zusammen.

2 Kreative Zerstörung im digitalen Zeitalter

Die Firma Kodak, die in der bereits erwähnten Erfolgsstudie von Peters und Waterman (1982) noch als exzellentes Unternehmen gefeiert wurde, musste Anfang 2012 Gläubigerschutz nach Kap. 11 des US-Insolvenzrechts anmelden. Nur wenige Tage später kaufte Facebook den damals noch relativ unbekannten Fotodienst Instagram für eine Milliarde US-Dollar. Diese beiden Ereignisse zeigen zwar lediglich anekdotisch aber dafür umso eindrucksvoller, wie die **Digitalisierung** Wettbewerbsgrenzen verschwimmen und ursprünglich äußerst erfolgreiche Geschäftsmodelle obsolet werden lässt. Selbst einst unangefochtene Platzhirsche sterben heutzutage nahezu über Nacht. Keine Branche ist mehr gefeit vor der schöpferischen Zerstörung des digitalen Zeitalters.[1] Nicht nur im Fotomarkt fordern neue Wettbewerber die bisherigen Marktführer heraus und stellen ganze Wirtschaftszweige auf den Kopf. Die gleichen Kräfte der digitalen Veränderung, die Kodaks Niedergang begründeten, haben auch Lycos, Nokia, Blackberry, Quelle und Neckermann ganz oder zumindest fast weggefegt. Obwohl die Geschäftsmodelle dieser Unternehmen ganz unterschiedlich waren (und sind), ist die Geschichte im Kern immer dieselbe und der frühere Erfolg oftmals Ursache des späteren Misserfolgs:[2]

Aufgrund eines Innovationsvorsprungs gelingt es einem Unternehmen Technologie- und Marktführerschaft zu erobern, um dann zur Geisel des eigenen Erfolges zu werden, den nächsten technologischen Trend zu verpassen und den meist mühsam aufgebauten Wettbewerbsvorsprung wieder zu verlieren. Christensen

[1]Der Begriff der schöpferischen (oder kreativen) Zerstörung wurde durch Joseph Schumpeter (1912) geprägt, der Innovationen als Treibkraft des Wettbewerbs und Auslöser einer durchaus positiven schöpferischen Zerstörung interpretiert.

[2]Zu diesem Paradoxon im strategischen Management vgl. Jenner (2003).

S. Walter, *Strategie Design*, essentials,
https://doi.org/10.1007/978-3-658-25997-6_2

(2013) spricht in diesem Zusammenhang vom **„Innovator's Dilemma"**. Dieses Dilemma ist der Grund, weshalb Microsoft fast das Internet verschlief, Google die sozialen Netzwerke und Blackberry den Touchscreen. Statt zu lernen und sich selbst immer wieder neu zu erfinden, verteidigen erfolgreichen Unternehmen in erster Linie das bestehende Geschäftsmodell, welchem sie ihren Erfolg in der Vergangenheit zu verdanken haben. Die Tatsache, dass Kodak bereits 1975 eine der ersten Digitalkameras der Welt entwickelte, dieses Projekt vor dem Hintergrund des margenstarken Geschäftes mit Fotofilmen aber nicht weiterverfolgte, illustriert diese Erkenntnis eindrucksvoll und hat schon fast paradoxen Charakter.

Bereits bevor die Digitalisierung die Welt veränderte, führten Bettis und Prahalad (1995) im Zusammenhang mit der Wahrnehmung der Notwenigkeit, einen Wandel zu vollziehen, das Konzept der **dominanten Logik** ein. Dieses beschreibt die zumindest unter den Entscheidungsträgern innerhalb einer Organisation (dominant coalition) vorherrschende und verfestigte Sichtweise auf die eigene Geschäftstätigkeit. Neben dem Erfolg in der Vergangenheit ist das menschliche Bedürfnis an Bewährtem und Erprobtem festzuhalten der Nährboden einer dominanten Logik. Getreu dem Motto „es kann nicht sein, was nicht sein darf" leistet sie der selektiven Wahrnehmung Vorschub, funktioniert als Lernbarriere und erschwert oder verunmöglicht somit die notwendige Antizipation sich ändernder Prämissen und Spielregeln. Dies ist in der heutigen Zeit insofern problematisch, als dass der anhaltende Übergang vom analogen zum digitalen Zeitalter durch eine Vielzahl teilweise fundamentaler Veränderungen geprägt ist. Die relevantesten sind in der folgenden Übersicht stichwortartig und nach unternehmerischen Aspekten geordnet aufgeführt.

Veränderungen vom analogen zum digitalen Zeitalter. (In Anlehnung an Rogers 2016)

	Analoges Zeitalter	Digitales Zeitalter
Kunden	• Kunden als Masse(nmarkt) • Einwegkommunikation über Massenmedien • Die Firma als Beeinflusser • Marketing als Verkauf • Realisierung von Skaleneffekten als Ziel	• Kunden als dynamisches Netzwerk • Dialogische Kommunikation • Die Kunden als Beeinflusser • Marketing als Inspiration • Steigerung des Kundenwertes als Ziel

	Analoges Zeitalter	Digitales Zeitalter
Wettbewerb	• Wettbewerb in einem definierten Feld • Klare Unterscheidung von Partnern und Konkurrenten • Wettbewerb als Nullsummenspiel • Kernkompetenzen liegen im Unternehmen • Unique Selling Proposition	• Wettbewerb über Branchengrenzen hinweg • Fließender Übergang zwischen Partnern und Konkurrenten • Kooperation mit Wettbewerbern • Kernkompetenzen liegen im Netzwerk • Aufbau von gemeinsamen Plattformen mit Partnern und Konkurrenten
Daten	• Die Gewinnung von Daten ist teuer • Die Herausforderung liegt in der Verwaltung und Speicherung der Daten • Nur strukturierte Daten sind verwertbar • Daten werden in separaten Silos gespeichert und verwaltet • Daten dienen dazu, Prozesse zu optimieren	• Daten entstehen einfach und überall • Die Herausforderung liegt darin, Daten in verwertbare Insights zu übersetzen • Verstärkte Nutzung unstrukturierter Daten • Daten werden über Silogrenzen hinweg kombiniert und genutzt • Daten sind die hauptsächliche Ressource, um Wert zu generieren
Innovation	• Entscheidungen beruhen auf Erfahrung und Intuition • Ideen zu überprüfen ist teuer, langsam und schwierig • Getestet wird nur unregelmäßig durch Experten • Scheitern ist in jedem Fall zu vermeiden • Der Fokus liegt auf dem fertigen Produkt	• Entscheidungen beruhen auf Experimenten und Validierungen • Ideen zu überprüfen ist preiswert, schnell und einfach • Alle können jederzeit Tests durchführen • Aus Fehlern wird schnell gelernt • Der Fokus liegt auf der Iteration des „Minimum Viable Product“
Wert	• Die Branche definiert das Nutzenversprechen • Stringente Umsetzung des definierten Nutzenversprechens • Kontinuierliche Optimierung des bestehenden Geschäftsmodells • Wandel als Gefahr für das bestehende Geschäftsmodell • Erfolg führt zu Selbstzufriedenheit	• Die sich verändernden Kundenbedürfnisse definieren das Nutzenversprechen • Konstante Suche nach neuen Möglichkeiten, den Kundennutzen zu erhöhen • Permanente Neuausrichtung und Überarbeitung des Geschäftsmodells • Wandel als Chance, neue Geschäftsfelder zu erschließen • Eine gewisse Paranoia hilft, um zu überleben

Der erfahrungsgemäß erfolgversprechendste Ansatz, um nachhaltig auf derart fundamental veränderte unternehmerischen Bedingungen zu reagieren und somit eine vorherrschende dominante Logik zu überwinden bzw. durch eine neue, geeignetere zu ersetzten, liegt in einer offenen Planungskonzeption: Eine auf Augenhöhe und strategischer Ebene angesiedelte sowie idealerweise über die Grenzen der eigenen Kategorie hinausgehende, enge Zusammenarbeit mit externen Partnern wie z. B. Kunden, Lieferanten, Berater, Konkurrenten oder Start-ups vermag die erforderlichen organisationalen Lerneffekte auszulösen und liefert so einen entscheidenden Beitrag, die in einem Unternehmen vorherrschende Sicht auf das eigene Geschäftsmodell zu verändern und den unausweichlichen Wandel zu antizipieren. Die vielerorts rasant steigende Zahl an Co-Working Spaces, Innovation-Hubs, Inkubatoren und Acceleratoren ist nicht zuletzt Ausdruck genau dieses **Netzwerkgedankens** (vgl. Von der Eichen et al. 2018). Derartige strategische Kooperationen über Unternehmensgrenzen hinweg werden immer wichtiger, denn nie traf die Plattitüde, der Wandel sei die einzige Konstante, mehr zu als im digitalen Zeitalter:

In der Telekommunikationsbranche haben Skype und später Messenger Dienste wie WhatsApp den Markt und damit auch unser Kommunikationsverhalten grundlegend verändert. Die Musikindustrie wurde zuerst durch das MP3-Format und schließlich durch Streamingdienste wie Spotifiy revolutioniert. Gerade erleben wir, wie Netflix, Amazon und andere Anbieter den TV- und Filmmarkt und damit unser Mediennutzungsverhalten grundlegend ändern und neue Mobilitätskonzepte wie z. B. Drive-Now, car2go oder Coup die Notwendigkeit und den Wunsch, ein eigenes Auto (oder Motorrad) zu besitzen, zumindest infrage stellen. Die aufgeführten Beispiele illustrieren, dass es entgegen der weit verbreiteten Meinung bei der Digitalisierung weniger um die technologischen Veränderungen als vielmehr um ihre **soziokulturellen und ökonomischen Konsequenzen** geht. Zu deren Antizipation reicht heutzutage eine aus übergeordneten Vorgaben abgeleitete Digitalstrategie nicht mehr aus. Gefordert ist vielmehr eine ganzheitliche Unternehmensstrategie für das digitale Zeitalter, die nicht die ohnehin schnelllebige Technologie, sondern die Kunden und deren Bedürfnisse an den Anfang aller Überlegungen und Aktivitäten stellt und so die Chancen und Herausforderungen der Digitalisierung für das eigene Geschäftsmodell ganzheitlich adressiert.

Bevor im Kap. 4 mit der Denke und Methodik des Strategie Designs ein Vorschlag unterbreitet wird, wie derartige Strategien erfolgreich entwickelt bzw. gestaltet werden können, geht es im folgenden Abschnitt zunächst darum, die dafür grundlegenden Entwicklungen des Strategie-Konzepts im wissenschaftlichen Kontext von Planung und Management kurz zu beleuchten.

3 Was ist und wie entsteht Strategie?

Konventionelle Ansätze des Strategischen Managements, die den Strategieprozess in einzelne Schritte und Teilstrategien unterteilen und die damit verbundenen Aufgaben auf unterschiedliche, relativ unabhängig voneinander agierende Abteilungen bzw. Silos innerhalb des Unternehmens verteilen, werden den in den vorgängigen Kapiteln formulierten Anforderungen an ein neues Strategieverständnis nicht gerecht. Einerseits mangelt es ihnen an Kollaboration und Agilität, andererseits gehen sie von einer Langfristigkeit und Planbarkeit aus, die angesichts der beschriebenen Dynamik illusorisch anmutet. Darüber hinaus erfordert das digitale Zeitalter auf Unternehmensseite Veränderungen, die in aller Regel über einzelne funktionale Bereiche wie Forschung und Entwicklung, Marketing oder Vertrieb hinausgehen und weitreichende Konsequenzen für eine Vielzahl von Abteilungen innerhalb eines Unternehmens mit sich bringen. Aus diesem Grund haben auch im wissenschaftlichen Kontext von Strategie und Planung in den letzten Jahren vermehrt Perspektivenwechsel stattgefunden und alternative Strategiezugänge und -ansätze an Relevanz gewonnen (vgl. Abb. 3.1).[1] Vor dem Hintergrund des im vorliegenden Essay verfolgten Ziels sind insbesondere der **Entrepreneurial,** der **Processual** und der **Experimental Turn** von Bedeutung. Die drei werden im Folgenden näher betrachtet.

[1] Liebl und Düllo (2015) verwenden zur Beschreibung dieser Perspektivenwechsel in der Strategieforschung den ursprünglich aus den Geisteswissenschaften stammenden Begriff des „Turns". Dieser bezeichnet generell eine (Kehrt-)Wende in der Betrachtung, einen Wechsel der Perspektive oder eine neue Akzentuierung. Im Gegensatz zum Paradigmenwechsel wird durch einen Turn jedoch nichts wirklich abgelöst, vielmehr entsteht eine Koexistenz ungleicher oder gar gegensätzlicher Zugänge und Ansätze.

S. Walter, *Strategie Design*, essentials,
https://doi.org/10.1007/978-3-658-25997-6_3

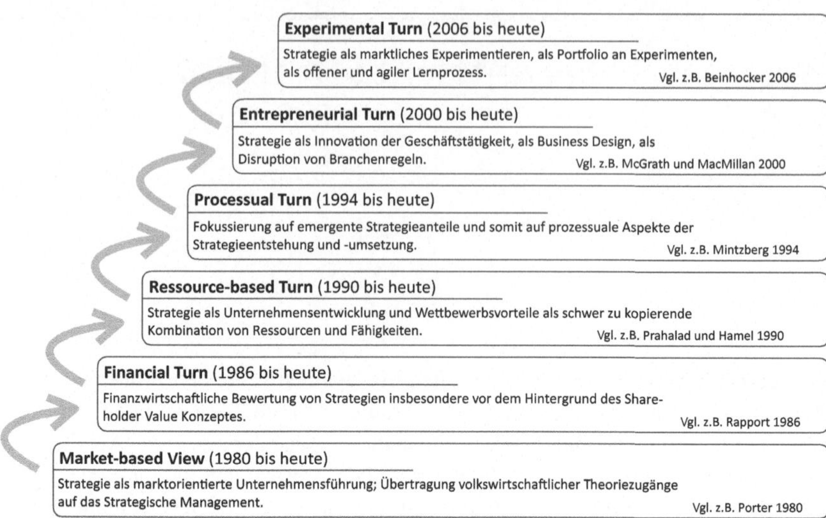

Abb. 3.1 Turns im wissenschaftlichen Kontext von Strategie und Planung. (In Anlehnung an Liebl und Düllo 2015 mit eigenen Änderungen und Ergänzungen)

Der wirtschaftswissenschaftliche Strategiediskurs war lange Zeit durch zwei sich relativ unversöhnlich gegenüberstehende Theorie-Lager geprägt: Während die Vertreter der Market-based View die Gründe für den unternehmerischen Erfolg im Marktumfeld bzw. der Struktur der Branche vermuteten und fanden (vgl. z. B. Porter 1980), sahen die Verfechter der Ressource-based View die hauptsächliche Quelle von Wettbewerbsvorteilen in einer einzigartigen und nur schwer zu kopierenden Kombination unternehmensinterner Fähigkeiten und Ressourcen (vgl. z. B. Prahalad und Hamel 1990). Erst Ende der 90er näherten sich die beiden Lager an und akzeptierten, was kundige Beobachter schon vorher vermuteten, nämlich, dass die beiden Perspektiven letzten Endes zwei komplementäre Seiten ein- und derselben Sache verkörpern und die Hauptaufgabe von Strategie vielmehr in der **Innovation der Geschäftstätigkeit** und der damit verbundenen Disruption der Branchenspielregeln besteht (vgl. Porter 1997; Hamel 1997).

Diese Kehrtwende manifestierte sich das erste Mal im Zuge der New Economy: Angesichts der bereits damals notorisch zunehmenden Umweltdynamik ging es immer weniger darum, innerhalb bestehender Marktkonventionen die eigene Positionierung zu optimieren, sondern ganz im Schumpeterschen Sinne um unternehmerisches Handeln, um die kreative Zerstörung bzw. die Kreation neuer Märkte durch Innovation. Die Dinge anders oder besser zu machen als die Konkurrenz, reichte nicht mehr; vielmehr lautete das Credo, andere Dinge zu machen als die Konkurrenz (vgl. Porter 1996). Kim und Mauborgne (2005) sprechen in diesem Zusammenhang von roten, hochkompetitiven Ozeanen, die es zugunsten von „Blue-Oceans“ bzw. neuen, noch unberührten Märkten zu verlassen gilt. Ziel muss sein, den Wettbewerb zu schlagen, ohne ihn direkt schlagen zu wollen. Diese Entwicklungen und Überlegungen sowie die im ersten Abschnitt aufgeführten Beispiele machen deutlich, weshalb der **Entrepreneurial View** heutzutage vielerorts die maßgebliche Perspektive darstellt: Nachhaltige Wettbewerbsvorteile können unter den beschriebenen Bedingungen – wenn überhaupt – nur noch durch die Disruption des in einem Markt vorherrschenden Geschäftsmodells erzielt werden.

Abgesehen von der Renaissance des Innovationsbegriffs hat der Entrepreneurial Turn damit ein Konzept eingeführt, die bis zu diesem Zeitpunkt lediglich implizit existierte aber seither nicht mehr aus der unternehmerischen Praxis und Theorie wegzudenken ist: **das Geschäftsmodell bzw. Business Design.** Grundsätzlich beschreibt ein Geschäftsmodell, wie ein Unternehmen Werte schafft und vermittelt. Es verbindet unternehmensexterne wie -interne Aspekte, umfasst die wichtigsten Elemente der Geschäftstätigkeit (Kundensegmente, Nutzenversprechen, Wertschöpfungsarchitektur, Erlösmodelle etc.) und dient somit als eine Art Blaupause der Strategie.[2] Während lange Zeit mit der Zugehörigkeit zu einer bestimmten Branche auch das in dieser vorherrschende und bewährte Geschäftsmodell mehr oder weniger unverändert übernommen wurde, rückte in den letzten Jahren die Ausgestaltung bzw. das Design desselben in den Fokus der Strategieentwicklung. Insbesondere die durch die Digitalisierung vorangetriebene Verquickung von Produkten und Dienstleistungen (Stichwort: Experience Design) führt dazu, dass neuartige Märkte und Geschäftsmodelle entstehen, die nicht mehr klar einer bestimmten Branche zugeordnet werden können. Aus dem ursprünglichen „Defining the Business“ wird immer mehr ein „Designing the Business“ (vgl. Liebl 2001).

Der Entrepreneurial View und die mit ihm einhergehenden Konzepte begründen also nicht nur ein neues, unternehmerisches Strategieverständnis, sondern legen auch nahe, den Prozess der Strategieentwicklung und -implementierung neu zu denken. Ganz grundsätzlich lässt sich Strategieentwicklung anhand der zwei Dimensionen Inhalt und Prozess beschreiben. Während erstere vereinfacht ausgedrückt die Frage beantwortet, was (gute) Strategie ausmacht, fokussiert letztere auf die Art und Weise, wie Strategien innerhalb von Organisationen entstehen

[2]Zum Thema Geschäftsmodell vgl. z. B. Gassmann et al. (2013), George und Bock (2012) oder Osterwalder und Pigneur (2010).

und thematisiert dabei politische und soziale Zusammenhänge im Rahmen der Strategieentwicklung und -umsetzung. Obwohl die inhaltliche Perspektive den wissenschaftlichen Strategiediskurs nach wie vor dominiert, stellte die Einsicht, dass eine Strategie immer nur so gut ist wie ihre Entstehung und Umsetzung, Inhalt und Prozess also durchaus einen vergleichbaren Stellenwert besitzen, einen Paradigmenwechsel dar, der gemeinhin als **Processual Turn** beschrieben wird.

Der prominenteste Vertreter dieser Denkrichtung ist Mintzberg, der aufgrund empirischer Ergebnisse zu den Erkenntnissen gelangte, dass zum einen lediglich ein Teil der intendierten Strategien auch tatsächlich umgesetzt wird, während des Rest irgendwelchen Umständen zum Opfer fällt, und zum andern die am Ende realisierten Strategien meist nur in Teilen den intendierten entsprechen, da im Zuge der Strategieumsetzung zusätzliche strategische Impulse dazukommen, die Mintzberg (1994) als emergente Strategieanteile (emergent strategy) bezeichnet. Aus prozessualer Perspektive überschneiden sich also Strategieformulierung und -umsetzung, während sie aus inhaltlicher Logik immer als zwei unabhängige, einander nachgelagerte Stufen behandelt worden waren. Dieser Paradigmenwechsel manifestiert sich in den Begriffen **Strategy Making** oder **Strategy Doing** (vgl. z. B. Hart 1992): Strategie wird einfach gemacht und nicht erst nach bestimmten Regeln entwickelt und danach nach ganz anderen umgesetzt.

Diese Überlegungen zeigen, dass die von Mintzberg geprägte emergente Form der Strategiefindung dem geforderten neuen Strategieverständnis für das digitale Zeitalter eher gerecht wird als der klassische Strategiebegriff, fällt es doch vielen Unternehmen aufgrund der beschriebenen Dominanten Logik schwer, radikale Strategien oder Produkte nicht nur zu entwickeln, sondern vor allem sie erfolgreich umzusetzen bzw. einzuführen. Häufig sind es Start-ups, denen dies besser gelingt und die aufgrund einer ausgeprägten **Learning-by-doing** Kultur und im Rahmen sehr kurzer Zyklen (so genannter „Sprints“) neue Geschäftsmodelle und Produkte erfolgreich entwickeln, testen, iterieren und etablieren. Das Ziel lautet, möglichst rasch eine Beta-Version auf den Markt zu bringen und diese dann auf der Grundlage des Kundenfeedbacks kontinuierlich zu verbessern. Der von Ries (2011) eingeführte „Lean-startup“-Ansatz beschreibt genau dieses Vorgehen und wird immer mehr zu einer Blaupause auch für gestandene Unternehmen und deren Digital- und Innovationsabteilungen, was sich nicht zuletzt an der Vielzahl an Innovation Labs, Inkubatoren und Acceleratoren zeigt, die von großen Konzernen in den letzten Jahren ausgegründet wurden (vgl. Von der Eichen et al. 2018).

Diese Entwicklungen sind Ausdruck des vorerst jüngsten Perspektivenwechsels im wissenschaftlichen Kontext von Strategie und Planung, dem **Experimental Turn,** der Aspekte des entrepreneurial und des processual views verbindet und weitertreibt: Beinhocker (2006, S. 334) regt an, Strategie nicht länger als „single plan built on predictions of the future", sondern als Portfolio von Experimenten zu begreifen. Jenner (2002) spricht ganz ähnlich von Marktlichem Experimentieren und schlägt vor, die sich im Rahmen des Innovationsmanagements bewährte inkrementelle Vorgehensweise („learning by doing and using") verstärkt auch auf die Strategieentwicklung zu übertragen.[3] Ebenfalls aus prozessualer Perspektive plädieren z. B. Hautz et al. (2017) unter dem Begriff Open Strategy für eine partizipativere Strategieentwicklung bzw. eine (kontrollierte) Öffnung des Strategieprozesses auch über Unternehmensgrenzen hinweg ähnlich der ursprünglich aus der Softwareentwicklung stammenden Crowd Sourcing-Methode. All diesen Ansätzen ist gemein, dass sie Strategie nicht länger als einen einzigen zum Erfolg verdammten Plan interpretieren, sondern als offenen Lernprozess begreifen, in dessen Rahmen unterschiedliche, teils gegenläufige strategische Optionen kontinuierlich entwickelt, überprüft, optimiert oder verworfen werden.

Auch Jahre nach der wissenschaftlichen Thematisierung stellt also das Finden eines Gleichgewichts zwischen intendierter und emergenter Strategiefindung, zwischen synoptischer („learning-before-doing") und inkrementeller („learning-by-doing") Planung für viele Unternehmen mehr denn je eine zentrale Herausforderung dar. Auf der einen Seite das große Ganze, das bestehende und (noch) erfolgreiche Geschäft nicht aus den Augen zu verlieren und auf der anderen Seite gleichzeitig ausreichend Freiräume für **disruptive Lösungen** zu schaffen, gestaltet sich in der unternehmerischen Praxis aus unterschiedlichen Gründen schwierig und komplex. Vor dem Hintergrund dieser Spannungsfelder wird im folgenden Kapitel der Ansatz des Strategie Designs ausgerollt, der die unternehmerische, die prozessuale und die experimentelle Perspektive kombiniert und darauf aufbauend einen Vorschlag für ein neues und ganzheitliches Strategieverständnis für das digitale Zeitalter unterbreitet.

---

[3]Ries (2011) prägte in diesem Kontext den Begriff „Pivot", der einen signifikanten strategischen Kurswechsel eines jungen Unternehmens z. B. aufgrund erster Kundenfeedbacks oder geänderten Marktgegebenheiten bezeichnet.

4 Strategie Design

Nimmt man den Experimental Turn und die unter seinem Dach postulierten Ansätze und Konzepte ernst, so stellt Strategie eine Art oder Ebene von Innovation dar (vgl. Abb. 4.1). Von dem her bietet es sich an, Strategie (in Anlehnung an Drucker 1985) als „knowledge-based innovation" und **Strategieentwicklung als Innovationsprozess** im Sinne eines wissensbasierten Kreationsakts zu begreifen. Dieses veränderte Strategieverständnis führt unweigerlich zur Frage, inwieweit sich erprobte Konzepte und Methoden aus dem Innovationsmanagement auf den Prozess der Strategieentwicklung übertragen lassen. Als dazu geeignet erweist sich (neben der im vorgängigen Kapitel bereits erwähnten Open Innovation-Methode) allen voran der Ansatz des Design Thinkings, der ohnehin eng mit den beschriebenen Entwicklungen im Zuge des Entrepreneurial Turns verbunden ist und nicht zuletzt aufgrund seiner ganzheitlichen und offenen Herangehensweise in den letzten Jahren in unterschiedlichen Kontexten große Verbreitung und Popularität erlangte.[1]

Design Thinking bezeichnet einen stark verwenderorientierten, durch Interdisziplinarität, Iteration und Prototypisierung geprägten Innovationsansatz bzw. -prozess, der die Art und Weise, wie (Industrie) Designer arbeiten, auch auf Fragestellungen jenseits der klassischen Produktinnovation wie z. B. Prozessgestaltung, Service Design oder eben Strategieentwicklung überträgt (vgl. Brown 2008). Während Design aus unternehmerischer Sicht lange Zeit lediglich eine taktische

[1]Ähnlich dem hier verwendeten Strategieverständnis, beschreiben Mintzberg et al. bereits (2004) unter dem Begriff „The Design School" Strategieentwicklung als kreativen Akt, als konzeptionellen Prozess, der kontinuierlich versucht, die unternehmensexterne Perspektive (Chancen und Gefahren) mit der unternehmensinternen Sicht (Stärken und Schwächen) in Einklang zu bringen.

S. Walter, *Strategie Design*, essentials,
https://doi.org/10.1007/978-3-658-25997-6_4

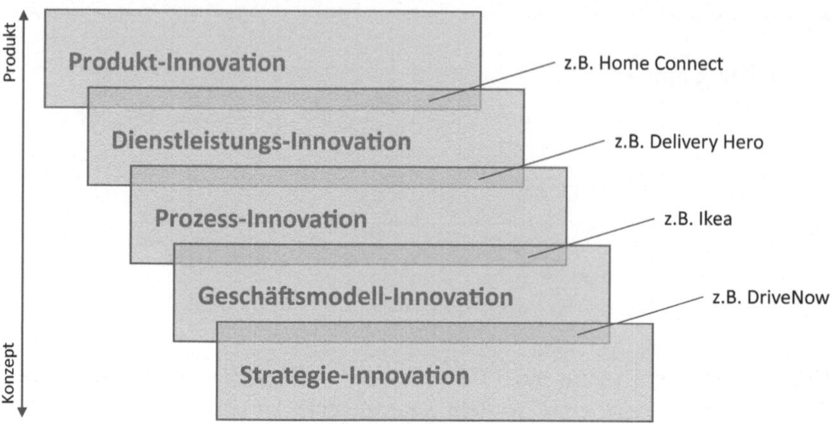

Abb. 4.1 Verschiedene Arten bzw. Ebenen von Innovation

Relevanz aufwies und es in erster Linie darum ging, bereits skizzierte (Produkt-) Ideen gegen Ende des Entwicklungsprozesses hin ästhetisch zu gestalten, zu verpacken und zu bewerben, erlangte das Konzept in den letzten Jahren eine immer stärkere strategische Bedeutung. Der Ansatz des Design Thinkings wird inzwischen von unterschiedlichsten Organisationen und Unternehmen aufgrund seiner kundenorientierten und kreativen Herangehensweise angewendet, um neue Produkte, Dienstleistungen oder ganze Geschäftsmodelle nicht nur zu gestalten, sondern von Grund auf neu zu denken und zu entwickeln.

Strategie Design überträgt die Grundgedanken des Design Thinkings auf den Prozess der Strategieentwicklung (vgl. Abb. 4.2). Während konventionellen Strategieansätzen meist eine sequenzielle Planungslogik zugrunde liegt, die den Prozess der Strategieentwicklung idealtypisch in die vier einander nachgelagerten Phasen Analyse, Planung, Implementierung und Kontrolle unterteilt und die damit jeweils verbundenen Aufgaben auf unterschiedliche Mitarbeiter oder Dienstleister verteilt, begreift Strategie Design **Strategieentwicklung als einen ganzheitlichen gestalterischen Akt.** Der Grundidee von Design bzw. Gestaltung folgend herrscht zwischen Insight, Ideenfindung und Inkubation weder ein lineares noch ein hierarchischen, sondern ein rekursives Verhältnis: Analyse, Strategie und Umsetzung erfolgen relativ simultan und stellen gleichwertige und untrennbar miteinander verbundene Elemente ein und desselben Planungssystems dar. Oder anders ausgedrückt: Implementierung ist Analyse und Umsetzung immer auch Formulierung.

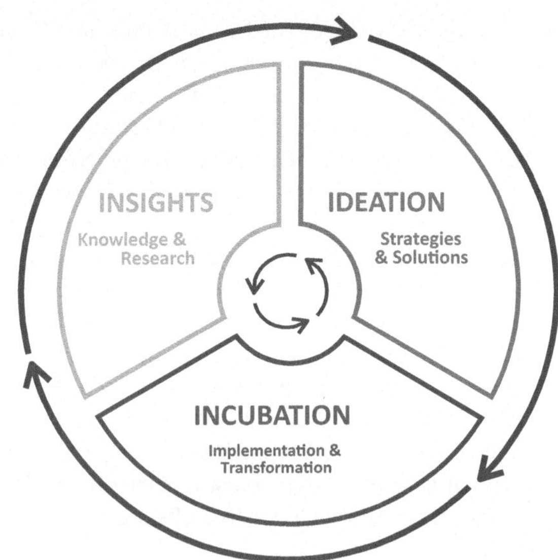

Abb. 4.2 Strategie Design

Strategie entsteht also nicht mehr unbedingt langfristig als logische Konsequenz einander nachgelagerter Phasen, sondern verhältnismäßig simultan und schnell aus dem engen Zusammenspiel von Insight, Ideation und Incubation. Ausdruck dieses Hin-und-Her sind die in der Abbildung durch kleine Pfeile dargestellten Iterationen, die Strategie Design letztendlich ausmachen und sicherstellen, dass der notwendige Fit zwischen Strategie und situativem Kontext kontinuierlich vorliegt bzw. zwischen Analyse, Strategie und Implementierung eine stetige gegenseitige Verprobung stattfindet. Diese Iterationen reflektieren den permanenten BETA-Zustand des digitalen Zeitalters und bilden die Grundlage für die erforderliche **Agilität im Strategieprozess.** Die Zeiten sind vorbei, in denen Strategien einmal entwickelt und festgeschrieben wurden und das Augenmerk anschließend nur noch auf ihrer konsistenten Umsetzung lag. Angesicht der eingangs beschriebenen Umweltdynamik kann der Fit zwischen Strategie und Kontext heutzutage nur mehr temporärer Natur sein. Ähnlich wie Software-Updates müssen auch Strategien kontinuierlich überprüft, optimiert und angepasst werden. Strategie Design schafft insofern die Voraussetzungen dafür, als während des gesamten Strategieprozesses auf relevante Entwicklungen und Feedback reagiert werden kann, und ist somit Ausdruck einer ausgeprägten Learning-by-doing Kultur.

Untrennbar verknüpft mit der das Strategie Design charakterisierenden Simultanität ist das Prinzip der **Kollaboration.** Die verschiedenen im Rahmen der Strategieentwicklung und -umsetzung anfallenden Aufgaben werden nicht länger wasserfallartig auf verschiedene Abteilungen oder Mitarbeiter innerhalb des Unternehmens verteilt, sondern gesamthaft einem interdisziplinär besetzten und relativ hierarchiefreiem Team übertragen (vgl. auch Kap. 5). Nur so ist sichergestellt, dass der in iterativen Loops erfolgende kontinuierliche Abgleich von Insight, Idee und Inkubation auch wirklich stattfindet und kein wichtiges Wissen im Prozess verloren geht. Darüber hinaus hat sich in den letzten Jahren immer wieder gezeigt, dass Antworten auf vielschichtige Herausforderungen wie die der Digitalisierung nur selten in isolierten Silos gefunden werden; zumal das digitale Zeitalter auf Unternehmensseite Veränderungen erfordert, die weit über einzelne funktionale Bereiche hinausgehen. Aus diesem Grund bewährt es sich, strategische Fragestellungen gleichzeitig aus unterschiedlichen Blickwinkeln (z. B. technische, ökonomische oder soziokulturelle Perspektive) zu betrachten und zu bearbeiten. Um der eingangs geforderten offenen Planungskonzeption gerecht zu werden, ist es sinnvoll, das Projektteam sowohl mit unternehmensinternen als auch -externen Personen wie z. B. Kunden oder Experten zu besetzten.

Der Ansatz des Strategie Designs reflektiert die Überzeugungen, dass Strategie am Ende Innovation ist und die Chancen und Herausforderungen, denen Unternehmen im digitalen Zeitalter gegenüberstehen, weder alleine durch rationale Methoden noch ausschließlich durch Kreativität genutzt respektive gemeistert werden können. Um die heutzutage erforderliche Agilität im Unternehmen und dadurch seine Zukunftsfähigkeit sicherzustellen, bedarf es vielmehr der hier vorgeschlagenen iterativen und ganzheitlichen **Verbindung von Analyse, Kreativität und Umsetzung.** Was dies für die einzelnen Aspekte bzw. Aktivitäten bedeutet, wird in den folgenden Abschnitten beschrieben.

4.1 Insights

Interpretiert man Strategie wie hier vorgeschlagen als wissensbasierte Innovation, so stehen am Anfang ihrer Entwicklung unweigerlich die Fragen, welches relevante Wissen bereits vorliegt und was es noch herauszufinden gilt. Grundsätzlich lassen sich vier Wissensfelder identifizieren, die Ansatzpunkte bzw. Inspirationsquellen für die Strategiefindung liefern können: Ressourcen und Fähigkeiten, die im Unternehmen bereits vorliegen (1), Benchmarks bzw. Best-Practices sowohl aus der eigenen als auch aus anderen Branchen (2), relevante Entwicklungen im Unternehmensumfeld, die gemeinhin als Trends oder Issues bezeichnet werden (3), und nicht zuletzt **Lebens- und Vorstellungswelten aktueller und potenzieller**

Kunden (4). Vor dem Hintergrund der dem Strategie Design zugrunde liegenden Kundenorientierung stellen letztere in aller Regel den Dreh- und Angelpunkt der Strategieentwicklung dar.

Um erfolgversprechende Strategien und Angebote entwickeln zu können, gilt es, die Kunden bzw. ihre Wahrnehmung, ihr Erleben, ihr Wertesystem und ihre Wünsche und Fantasien an den Anfang der eigenen Überlegungen und Aktivitäten zu stellen. Eine derart **radikale Kundenzentrierung** stellt für viele Branchen nach wie vor einen Paradigmenwechsel dar: Lautete bis dato vielerorts die Maßgabe, das umzusetzen, was technisch maximal machbar und gleichzeitig betriebswirtschaftlich rentabel war, sollen von nun an Kunden und ihre Bedürfnisse als alleiniger Ausgangspunkt (und Messlatte) der Strategieentwicklung dienen. Dabei reflektiert dieses Umdenken lediglich die altbekannte Erkenntnis, dass Differenzierung just darin besteht, dass Kunden einen Unterschied im Angebot wahrnehmen und diesen darüber hinaus auch wertschätzen, weswegen Art und Umfang von Wettbewerbsvorteilen streng genommen lediglich aus Kundenperspektive zu verstehen und zu ermitteln sind (vgl. Porter 1980).

Der Stimulus, der aus dem Eintauchen in die Lebens- und Vorstellungswelten bestehender und potenzieller Kunden hervorgeht und der als Inspirationsquelle der Strategiefindung dient, wird im Rahmen des Strategie Designs als **Insight** bezeichnet. Dabei handelt es sich vereinfacht ausgedrückt um eine nicht immer offensichtliche aber durchaus erleuchtende Einsicht über die hinter einem bestimmten Konsumentenverhalten liegende Motivation, die neue, zum Teil ungeahnte Wachstumschancen eröffnet.[2] Inspirierende Insights haben den Charakter von Aha-Erlebnissen und beschreiben oft eine Art Anomalie oder ein inneres Spannungsverhältnis, das sich anschließend in eine Innovation übersetzen lässt. Je nach Ausgangslage und Zielsetzung der Strategieentwicklung lassen sich verschiedene Arten und Ebenen von Insights unterscheiden: Neben dem klassischen Consumer Insight, der wie dargestellt eine psychologische Motivspannung der Konsumenten zu Produkten oder Services beschreibt, stehen zum Beispiel beim spezifischen Digital Insight Aspekte der Usability im Vordergrund; Shopper Insights wiederum beziehen sich direkt auf das Kaufverhalten der Konsumenten am Point-of-Purchase, während Cultural Insights eher schon der Trendforschung zugerechnet werden können und Einsichten über das soziokulturelle Referenzsystem einer Marke bzw. einer Produktkategorie liefern.

[2] Zum Thema Insight vgl. z. B. Föll (2007), Baumann (2011).

Wichtiger als die Diskussion, welche Arten von Insights es gibt, ist jedoch die Frage, wie man zu einem guten Insight gelangt. Quantitative empirische Methoden helfen hier nur beschränkt weiter, da zumindest am Anfang der Strategieentwicklung meist unklar ist, was man noch nicht weiß bzw. überhaupt wissen möchte, was die Formulierung konkreter Fragen verunmöglicht. Zudem ist bekannt, dass vielen Probanden gar nicht genau bewusst ist, weshalb sie sich in einer bestimmten Weise verhalten, und wenn doch, möchten sie es vielleicht lieber für sich behalten. Als deutlich erfolgversprechender zur Entdeckung inspirierender Insights haben sich neben explorativen Methoden wie Stakeholder-Interviews oder Fokusgruppen in letzter Zeit vor allem ethnografische Forschungsansätze erwiesen. Die Probanden werden dabei nicht losgelöst von ihrer natürlichen Umgebung interviewt, sondern in ihrem alltäglichen Leben begleitet und befragt.[3] Ergebnisse einer solch teilnehmenden Beobachtung können ein Tagebuch, ein Film oder ein Fotoalbum sein. Auf dieser Grundlage werden anschließend **Personas** (idealtypische Vertreter des Publikums), **Use-Cases** (Anwendungsfälle) und/oder **Customer Journeys** entwickelt, um in die Lebens- und Vorstellungswelt der Kunden eintauchen zu können. Neben dem Einsatz explorativer und ethnografischer Methoden ist es in vielen Fällen sinnvoll, ausgewählte Kunden direkt in den Strategie Design Prozess und vor allem die im folgenden Abschnitt beschriebene Ideenfindung zu involvieren.

4.2 Ideation

Im Vergleich zu herkömmlichen Strategieansätzen geht es beim Strategie Design nicht in erster Linie darum, aus der Analyse verschiedene strategische Optionen abzuleiten und anschließend zu bewerten, sondern ganz neue strategische Ideen und Ansätze im Sinne eines wissensbasierten Kreationsaktes zu generieren und zu formulieren. Aufgrund des offenen bzw. kollaborativen Prinzips des Strategie Designs haben sich dazu interdisziplinär besetzte, idealerweise fernab des Tagesgeschäfts stattfindende **Strategie Workshops** als probate und effiziente Methode bewährt. Neben der kollektiven Immersion in die Lebens- und Vorstellungswelt bestehender und potenzieller Kunden kommen dabei je nach Ausganglage und Zielsetzung der Strategiefindung unterschiedliche intuitive und diskursive

[3]Gute Beispiele ethnografischer Studien im Marketingkontext finden sich z. B. bei Holt (2002) und Fournier (1998).

Kreativitätstechniken (z. B. Brainwritting, Metaplan-Methode, Means-End-Chains, Hats, Brainstorming…) zum Einsatz. Ungeachtet der Frage, mit welcher Technik man die strategischen Ideen generiert, gehört es zum festen Instrumentarium des Strategie Designs, die erfolgversprechendsten davon bereits im Rahmen des Strategie Workshops in erste Modelle bzw. konkrete Lösungen zu übersetzen.

Dieses „schnelle Denken in Lösungen“ wird im Kontext von Design Thinking als **Rapid Prototyping** bezeichnet und beschreibt eine iterative Methode, die eine gewisse Fehlerhaftigkeit gewollt in Kauf nimmt. Getreu dem Silicon Valley Mantra „fail often, but early“ geht es darum, Ideen zügig in Form eines Prototypen zu konkretisieren und zu testen, um das Feedback der Zielgruppe früh im Entwicklungsprozess einzuholen und die Idee bzw. den Prototypen daraufhin entweder zu verwerfen oder im Rahmen weiterer kurzer Zyklen (sogenannter Sprints) kontinuierlich zu optimieren (vgl. Kelley 2001). Diese iterativen Loops sind der Grund, weshalb es zweckmäßig ist, Kunden in die Ideenentwicklung bzw. den Strategie Workshop zu involvieren. Da im Rahmen derartiger Workshops unzählige Prototypen entstehen, können und müssen diese alles andere als perfekt, sondern dürfen durchaus gebastelt sein. Einzige Aufgabe und einziges Ziel sind, die Idee unkompliziert und schnell greif- und damit erfahrbar zu machen, sodass man sie einfach mit andern teilen, diskutieren und vor allem testen kann. Dadurch wird meist schnell klar, wo Stärken, Schwächen und Verbesserungspotenziale einer Idee liegen. Um dies zu erreichen, reicht in den meisten Fällen ein so genannter „Paper-and-Pencil“-Entwurf völlig aus. Die Methode des Rapid Prototyping bzw. die möglichst frühe Reaktion auf Feedback im Entwicklungsprozess löst schnelle Lerneffekte aus und ist Ausdruck einer auch hierzulande immer stärker geforderten Trial and Error- bzw. Fehlerkultur.

Während die Entwicklung eines Prototyps bei einer Produkt- oder Serviceinnovation noch relativ einfach nachvollziehbar ist, stellt sich bei der Übertragung des Innovationsgedankens auf die Strategieentwicklung die berechtigte Frage, wie genau ein die oben beschriebenen Anforderungen erfüllender Prototyp einer Strategie aussehen könnte. Auch hier lässt sich naturgemäß keine generelle Antwort geben, hängt doch der Prototyp von der Idee und diese wiederum vom Ziel und den Parametern der Strategieentwicklung ab. Geht es zum Beispiel um die Entwicklung eines neuen Geschäftsmodells, bietet es sich an, dieses anhand eines vorher strukturierten Business Model Canvas zu prototypisieren (vgl. Osterwalder und Pigneur 2010), wobei die einzelnen Elemente auf Post-its geschrieben, den verschiedenen Schlüsselfaktoren zugeordnet und mit jeder neuen Iterationsrunde ergänzt, umgehängt oder entfernt werden, bis am Schluss ein in sich stimmiges Geschäftsmodell vorliegt. Darüber hinaus stellen insbesondere Storytelling und

Narration zweckmäßige Techniken zur Prototypisierung von Strategien dar (vgl. z. B. Bonchek 2016). Die Ausformulierung einer Idee in einem **strategischen Narrativ** wie z. B. einem Elevator-Pitch, einem Steckbrief, einem Szenario oder einem Brand-Script macht sie erfahr-, teil- und überprüfbar und zeigt somit schnell ihr Potenzial. Getreu dem Grundsatz, dass Arbeit an der Sprache immer auch Arbeit am Gedanken ist, wird die Strategie bzw. die Geschichte in jedem Durchgang umformuliert und verbessert, bis am Schluss ein kohärentes Narrativ vorliegt, das im Rahmen der im folgenden Abschnitt beschriebenen Inkubation freigelassen werden kann.

4.3 Incubation

Wie der Name schon sagt, geht es bei der Inkubation im Gegensatz zur Implementierungsphase in klassischen Strategieprozessen weniger um die konsequente Umsetzung einer vorher festgeschriebenen Strategie, sondern ganz im Sinne eines emergenten Strategieverständnisses um die Freisetzung und Weiterentwicklung einer strategischen Idee innerhalb des gesamten Unternehmens. In diesem Zusammenhang wird im Rahmen der Untersuchung organisationaler Lern- und Kommunikationsprozesse bei der Strategieentwicklung auch von **strategischen Konversationen** (vgl. van der Heijden 2004) oder **strategischen Diskursen** (vgl. Kruse 2011) gesprochen. Die Begriffe beschreiben, wie Strategie innerhalb einer Organisation verhandelt wird, verbinden also inhaltliche mit prozessualen Aspekten der Strategieentwicklung und bezeichnen meist informelle Regeln und Prozeduren, wie Beiträge zur Strategiegenerierung stimuliert und kanalisiert werden können. Diese Beiträge stellen emergente Strategieimpulse im Sinne Mintzbergs dar und entstehen beispielsweise in Gremien, Projektteams oder auf unternehmensinternen (Kommunikations-)Plattformen (z. B. Veranstaltungen, Workshops, Intranet, Slack). Ziel und primäre Aufgabe der Inkubation sind das Anstoßen und die anschließende Moderation solcher strategischen Konversationen, wobei sich die Inkubation nicht auf die Weiterentwicklung der strategischen Inhalte beschränkt, sondern darüber hinaus (und je nach dem insbesondere) der strategischen Mobilisierung und Transformation dient.

In der Praxis des Strategie Design haben sich bei der Inkubation insbesondere Sprints und Camps als zweckmäßig erwiesen (vgl. auch Lebrecht 2016). Im Rahmen dieser oft Workshop-ähnlichen Formate geht es darum, den aktuellen Stand einer strategischen Idee bzw. den jeweils letzten Strategie-Prototypen mit ausgewählten Mitarbeitern und Stakeholdern zu teilen, ihn kollaborativ und zügig auf eine bestimmte Fragestellung oder einen ausgewählten Unternehmensbereich zu übertragen und damit die strategische Idee iterativ zu optimieren. Dem Grundgedanken von Strategie Design folgend hat sich dabei die Anwendung **agiler Arbeitsmethoden** wie z. B. des ursprünglich aus der Softwareentwicklung stammenden Scrum als sinnvoll erwiesen.[4] Diese Methode ist im Gegensatz zu vergleichbaren Ansätzen relativ allgemein gehalten, weshalb sie sich einerseits gut auf andere Bereiche und Aufgabenstellungen übertragen und andererseits mit bewährten Design Thinking-Techniken wie Personas oder Use-Cases verbinden lässt (vgl. auch Scrum But). Allen agilen Arbeitsmethoden ist gemein, dass sie eine andauernde Änderung der Rahmenbedingungen von vornherein mit einplanen, womit sie eine der eingangs formulierten Hauptanforderungen an ein neues Strategieverständnis für das digitale Zeitalter erfüllen.

Strategie und ihre Entwicklung verharren also nicht länger im Elfenbeinturm, auf Vorstands- oder Metaebene, sondern greifen ganz im Sinne eines Strategy Doing gestalterisch in die unternehmerischen Prozesse ein, womit die herkömmliche Trennung zwischen Strategieentwicklung auf der einen und **Transformation bzw. Change-Management** auf der anderen Seite aufgehoben wird. Vielmehr ist Strategie Design Transformation und umgekehrt: Strategieentwicklung und -umsetzung werden zusammengeführt und als organisationaler Lernprozess aufgesetzt, der in erster Linie dazu dient, die in einem Unternehmen vorherrschende und meist verfestigte Sichtweise auf die eigene Geschäftstätigkeit (dominante Logik) zu überwinden und im Sinne der formulierten strategischen Idee zu verändern. Schlussendliches Ziel von Strategie Design ist denn auch nicht unbedingt die Entwicklung, Ausgestaltung und Finalisierung einer Strategie, sondern vielmehr die kontinuierliche Veränderung des Denkens und Handelns der Mitarbeiter als Grundlage für den zukünftigen Unternehmenserfolg. Dieses ständige Wechselverhältnis zwischen Inhalt und Prozess, zwischen Insight, Strategieformulierung und Inkubation, zwischen Entscheidung und Umsetzung und somit auch zwischen Top-down und Bottom-up charakterisiert das Strategie Design und bildet im Idealfall im Zeitverlauf eine nach oben drehende Spirale, welche die agile Anpassung der Strategie an neue Gegebenheiten und damit die stetig steigende Zukunftsfähigkeit einer Organisation oder eines Unternehmens symbolisiert (vgl. Abb. 4.3).

---

[4]Einen guten Überblick über agile Arbeitsmethoden findet sich bei Preußig (2015).

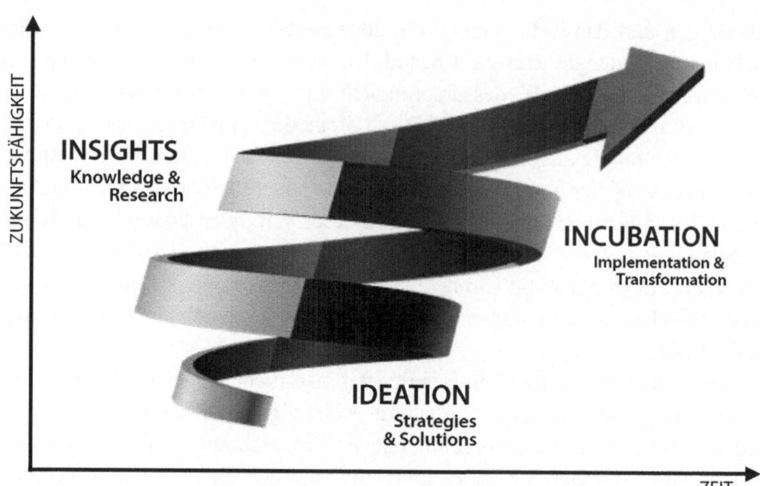

Abb. 4.3 Strategie Design Spirale

Strategy Studio

5

Damit ein neues Strategieverständnis die in ihm liegenden Potenziale entfalten und sich in der unternehmerischen Praxis erfolgreich durchzusetzen kann, reicht die Beschreibung des Ansatzes und des damit verbundenen Vorgehens (noch) nicht aus. Neben der konzeptionellen und prozessualen Ebene bedarf es einer zweckmäßigen organisationalen Verortung der neuen Denke und Methodik – oder besser gesagt der damit einhergehenden Aufgaben. Dies gilt aufgrund der ganzheitlichen, partizipativen und simultanen Herangehensweise im Besonderen für das im vorherigen Kapitel ausgerollte Strategie Design. Es muss im doppelten Sinne institutionalisiert und in eine (idealerweise von unterschiedlichsten Organisationen) adaptierbare **unternehmerische Praxis** übersetzt werden. Wissend, dass eine neue Denke immer nur so gut ist wie ihre konkrete Umsetzung, stellt sich die zentrale Frage, wie Strategie Design im Tagesgeschäft zum Leben erweckt und strukturell sinnvoll abgebildet werden kann. Dieser Frage soll im vorliegenden Kapitel kurz nachgegangen werden.

Interpretiert man Strategie wie vorgeschlagen als Innovation und in Anlehnung an Beinhocker (2006) als Portfolio verschiedener Experimente, so erscheint es sinnvoll, den im Rahmen des Innovationsmanagements derzeit stark propagierten Ansatz des **Innovation Labs** (oder auch Innovation Hubs) als Blaupause zu nehmen und auf die Strategieentwicklung zu übertragen. Unter dem Begriff Innovation Lab wird gemeinhin eine von bestehenden organisationalen Strukturen und Prozessen relativ losgelöste separate Abteilung verstanden, die jenseits vom Tagesgeschäft versucht, sogenannte White Spaces respektive Blue Oceans zu identifizieren (vgl. auch Von der Eichen et al. 2018). Darunter versteht man neue Wachstumsfelder, die sich Unternehmen durch radikale Produkt- und insbesondere Geschäftsmodell-Innovationen zu erschließen hoffen. Im Gegensatz zu inkrementellen Verbesserungen benötigt die Entstehung und

S. Walter, *Strategie Design*, essentials,
https://doi.org/10.1007/978-3-658-25997-6_5

Entwicklung disruptiver Innovationen relativ große Spiel- und Freiräume, die in bestehenden Konzernstrukturen aus nachvollziehbaren Gründen oft nur schwer zu gewähren sind. Vor dem Hintergrund der in den ersten beiden Kapiteln skizzierten radikalen Veränderungen, die mit dem digitalen Wandel einhergehen, ist die Strategieentwicklung vielerorts mit durchaus vergleichbaren Ausgangslagen und Zielsetzungen konfrontiert. Darüber hinaus erfordern die im Zuge des Strategie Designs geforderten agilen Denk- und Arbeitsweisen eine gewisse Distanz zum meist straff organisierten Tagesgeschäft, weshalb es sinnvoll erscheint, den Lab-Gedanken auf das Strategie Design zu übertragen.

Einziger Wehrmutstropfen ist die Bezeichnung Lab, suggeriert sie doch, dass es sich um eine exakte Wissenschaft handelt, was bei der Strategieentwicklung bekanntermaßen nicht der Fall ist. Vielmehr handelt es sich wie gezeigt um einen kreativen, gestalterischen Akt. Aus diesem Grund scheint der im Kunst- und Kreativbereich verbreitete Begriff „Studio", der gemeinhin den Arbeitsplatz bzw. die Werkstatt von Kreativen bezeichnet, treffender. Die Verortung der Strategieentwicklung in einem Studio ist insofern nicht ganz neu, als Holt und Cameron (2012) im Rahmen ihrer Überlegungen zu kulturellen Strategien und Innovationen die Einrichtung sogenannter Cultural Studios vorschlagen. Sie beschreiben diese als „skunwork"[1], als ein relativ kleines Team unterschiedlicher Experten, welches den Auftrag hat, außerhalb bestehender Strukturen, Hierarchien und Bürokratien relativ schnell überraschende Marken- und Marketingstrategien zu entwickeln. Nicht zuletzt vor dem Hintergrund der oben gemachten Überlegungen zum Thema Innovation Labs spricht viel dafür, diese Idee des Studios auch auf die Strategieentwicklung jenseits des Marketings zu übertragen und für die Denke und Methodik des Strategie Designs sowie die damit einhergehenden Aufgaben innerhalb der Organisation ein **Strategy Studio** aufzubauen.

Aus organisationstheoretischer Perspektive kann ein Strategy Studio als **Community of Practice** beschrieben werden (vgl. z. B. Wenger und Snyder 2000). Ein Team interdisziplinärer Experten, die neben ihrem profunden Fachwissen auch generalistische Kompetenzen (Stichwort: T-shaped Professionals) und eine gemeinsame Basis und Vision mitbringen und zusammen an der Lösung derselben oder vergleichbarer Probleme arbeiten. Entgegen klassischen Projektteams

[1]Der Begriff soll auf den Comic „Li'l Abner" von Al Capp zurückgehen, in dem Stinktiere (engl. „skunks") in der Fabrik *Skunk Works* an einem nicht näher beschriebenen Produkt arbeiten. Bei Lockheed Martin diente der Name Skunk Works später als halboffizielle Bezeichnung desjenigen Teils der Forschungs- und Konstruktionsabteilung, der für die Entwicklung geheimer Flugzeugprojekte zuständig war.

organisiert sich eine Community of Practice weitgehend selbst, legt ihre Ziele und Agenda nach eigenem Ermessen fest und folgt keinen bestehenden hierarchischen Strukturen. Dieser informelle Charakter fördert den Informationsfluss und die Offenheit der Kommunikation zwischen den Mitgliedern, wodurch die angestrebten strategischen Lerneffekte in aller Regel deutlich schneller realisiert werden. Aus theoretischer Perspektive ist es dabei unerheblich, ob die Mitglieder der Community dem gleichen Unternehmen angehören. Im Gegenteil: In vielen Fällen erscheint eine kontrollierte Öffnung des Strategieprozesses über Unternehmensgrenzen hinweg zielführender, da eine allfällige dominante Logik (vgl. Kap. 2) oftmals nur durch den Einbezug externer Spezialisten nachhaltig überwunden werden kann (vgl. auch Hautz et al. 2017). Darüber hinaus erfordern die vielschichtigen Herausforderungen des digitalen Wandels spezifische strategische Kompetenzen, die in vielen Unternehmen (noch) nicht vorhanden sind.

Das Strategy Studio bzw. die Institutionalisierung einer entsprechenden Community of Practice reflektiert das dem Strategie Design inhärente Prinzip der **Kollaboration.** Die im Rahmen der Strategieentwicklung und -umsetzung anfallenden Aufgaben werden nicht länger nacheinander auf verschiedene Silos bzw. Abteilungen oder Dienstleister verteilt, sondern gesamthaft und vor allem gleichzeitig dem Strategy Studio übertragen. So wird sichergestellt, dass kein wichtiges Wissen im Prozess verloren geht, der Abgleich von Insight, Idee und Inkubation wie gefordert kontinuierlich stattfindet und durch gemeinsames Improvisieren, Experimentieren und Iterieren mit der Zeit Strategie auftaucht. Wie in den meisten Labors oder Ateliers arbeiten auch die Mitglieder des Strategy Studios nicht an der einen großen Strategie, sondern entwickeln zeitgleich verschiedene, teils widersprüchliche strategische Optionen, die immer wieder abgeglichen, verworfen, optimiert oder verheiratet werden. Ziel des Strategy Studios muss sein, den Raum an strategischen Möglichkeiten deutlich zu vergrößern, wobei es sinnvoll erscheint, die Aufgabe der Strategieentwicklung auch personell klar von derjenigen der Strategieentscheidung zu trennen (vgl. Beinhocker 2006).

Die konkreten Fragen nach der **Aufhängung,** der **Ausgestaltung** und der **Besetzung des Strategy Studios** lassen sich erfahrungsgemäß nicht generell beantworten, sondern hängen insbesondere von der Unternehmensgröße, der Geschäftstätigkeit, der verfolgten Zielsetzung und der im Unternehmen bereits vorhandenen Kompetenzen und Erfahrungen mit vergleichbaren agilen Prozessen ab. Um mühsame politische Spiele und hemmende Interdependenzen im Vornherein zu minimieren, bietet es sich an, das Strategy Studio hierarchisch so hoch wie möglich anzusiedeln und relativ losgelöst vom meist stark reglementierten Tagesgeschäft zu betreiben. Andererseits kann es im Hinblick auf die durch das Strategie Design angestrebte Transformation aber durchaus sinnvoll

- ☐ Verbindende, sinn- und zielgebende Vision
- ☐ Interdisziplinäre Besetzung mit T-shaped Professionals
- ☐ Flache Hierarchien, informelle Kommunikation
- ☐ Agile, iterative und experimentelle Prozesse
- ☐ Kontrollierte Öffnung über Unternehmensgrenzen hinweg
- ☐ Ausreichende Distanz zum Tagesgeschäft
- ☐ Akzeptanz unterschiedlicher, teils widersprüchlicher Strategien
- ☐ Gemeinsamer realer als auch virtueller Arbeitsort
- ☐ Trennung von Strategieentwicklung und Strategieentscheidung
- ☐ Mitarbeiterrotation zwischen Studio und dem Rest des Unternehmens

Abb. 5.1 Voraussetzungen und Charakteristika des Strategy Studios

sein, wenn zumindest einige der Mitarbeiter des Strategy Studios in einem Teil ihrer Arbeitszeit ebenfalls „reguläre" Linien- oder Stabsfunktion ausüben. Durch eine derartige Rotation ist sichergestellt, dass sich die Strategieentwicklung nicht allzu weit von dem eigentlichen Unternehmen entfernt. Nicht zuletzt vor diesem Hintergrund ist es zwar möglich, ein Strategy Studio rein virtuell aufzusetzen; insbesondere die Erfahrungen mit Innovation Labs haben aber immer wieder gezeigt, dass ein gemeinsamer Arbeitsort vor allem aufgrund der informellen und offenen Kommunikation in aller Regel zu deutlich besseren und schnelleren Ergebnissen führt. Mit wem genau ein Strategy Studio zu besetzen ist und ob neben bestehenden Mitarbeitern auch externe Experten dazu gehören, hängt in erster Linie von den benötigten bzw. den im Unternehmen bereits vorhandenen Kompetenzen und Erfahrungen ab. Grundsätzlich gilt es, eine gute Mischung zwischen Generalisten (z. B. Strategen) und Spezialisten (z. B. Analysten) auf der einen und zwischen bestehenden und externen oder neuen Mitarbeitern auf der anderen Seite zu finden. Obwohl sich die Frage nach der konkreten Ausgestaltung des Strategy Studios lediglich kontextabhängig beantworten lässt, sind in Abb. 5.1 noch einmal die wichtigsten Voraussetzungen und Charakteristika aufgeführt.

6 Charakteristika und Prinzipien

Nachdem in den letzten beiden Kapiteln Denke, Methodik und strukturelle Verortung des Strategie Designs dargelegt wurden, bleibt zum Abschluss die Frage, wodurch genau sich dieser neue Zugang bzw. das ihm zugrunde liegende Strategieverständnis von herkömmlichen, eher traditionellen Strategieansätzen unterscheidet. Zur Beantwortung dieser Frage wird das Konzept des Strategie Designs in Abb. 6.1 klassischen **Planungsstilen** bzw. Strategieansätzen im Allgemeinen gegenübergestellt und von diesen anhand ausgewählter Dimensionen abgegrenzt.[1]

Während herkömmliche Strategieansätze meist durch eine analytische Herangehensweise geprägt sind, interpretiert das Strategie Design Strategieentwicklung als kreativen, gestalterischen Akt. Entsprechend wird beim Strategie Design tendenziell eine induktive Perspektive eingenommen: Man beginnt mit konkreten, kleinen Herausforderungen und versucht die im Einzelfall gewonnenen strategischen Erkenntnisse auf das große Ganze zu übertragen. Die Logik der Planung ist beim Strategie Designs also emergent; Strategie entsteht mehr oder weniger von alleine durch kollaboratives Improvisieren, Experimentieren und Iterieren und nicht wie bei herkömmlichen Strategieansätzen durch kausale Zusammenhänge einander nachgelagerter Prozessschritte. Entsprechende lässt sich Strategie Design auch nicht als starre Sequenz verschiedener Tätigkeiten beschreiben, sondern zeichnet sich vielmehr durch eine gewollte Simultanität von Insight, Idee und Inkubation bzw. eine iterative Verbindung von Analyse, Kreativität

[1]In der Literatur zum strategischen Management finden sich zahlreiche Ansätze zur Typologisierung unterschiedlicher Planungsstile, die versuchen, alternative Ansätze der Strategieentwicklung anhand zentraler Charakteristika bzw. Dimensionen voneinander abzugrenzen (vgl. z. B. Hart 1992 und Schwenk 1995).

S. Walter, *Strategie Design*, essentials,
https://doi.org/10.1007/978-3-658-25997-6_6

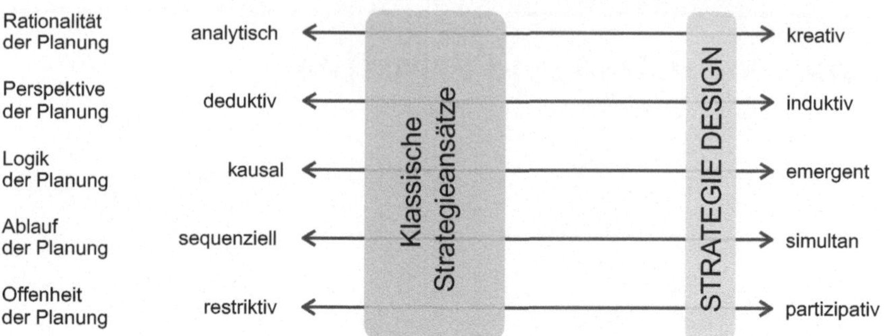

Abb. 6.1 Vergleich des Strategie Designs mit herkömmlichen Strategieansätzen

und Umsetzung aus. Nicht zuletzt unterscheidet sich das Strategie Design von herkömmlichen Planungsstilen durch seinen partizipativen Charakter. Um die relevanten Umweltveränderungen frühzeitig zu antizipieren und die angestrebten Lerneffekte zu realisieren, bedarf es eines hohen Maßes an Kollaboration und Offenheit. Strategie wird nicht länger von der Dominant Coalition in den Hinterzimmern des Vorstandes entwickelt, sondern entsteht durch eine interdisziplinäre und weitgehend hierarchiefreie Zusammenarbeit interner und externer Mitarbeiter im Strategy Studio.

Im vorliegenden Beitrag wurde auf der Grundlage des Design Thinking Ansatzes sowie aktueller Entwicklungen im strategischen Management die Denke und Methodik des Strategie Designs skizziert und somit ein Vorschlag für ein ganzheitliches Strategieverständnis unterbreitet, das den eingangs beschriebenen Anforderungen des digitalen Zeitalters gerecht wird und damit eine gute Ausgangslage schafft, um die mit der Digitalisierung einhergehenden Chancen unternehmerisch zu nutzen sowie die Herausforderungen zu identifizieren und zu meistern. Zusammenfassend lässt sich Strategie Design anhand der im Folgenden kurz resümierten vier Charakteristika und Prinzipien beschreiben, wobei letztere über den Ansatz des Strategie Designs hinausreichen und generell als Handlungsprinzipien zur Stärkung der Zukunftsfähigkeit im digitalen Zeitalter bezeichnet werden können (vgl. Schwab 2016).

Charakteristika und Prinzipien des Strategie Designs

Strategy design	
Charakteristika	1) Strategie Design begreift **Strategie als Innovation,** ihre Entwicklung als Innovationsprozess und überträgt Methoden aus der Innovationsforschung – insbesondere der Ansatz des Design Thinkings – auf den Prozess der Strategieentwicklung 2) Im Gegensatz zu Strategieansätzen, die den Strategieprozess trennscharf in einander nachgelagerte Phasen unterteilen, begreift Strategie Design Strategieentwicklung als ein ganzheitliches Planungssystem, das die Elemente **Insight, Idee und Inkubation** iterativ und untrennbar miteinander verbindet 3) Beim Strategie Design geht es nicht primär um die Deduktion und Bewertung strategischer Optionen, sondern um die Imagination und Formulierung von neuen strategischen Ideen und Ansätzen im Sinne eines **wissensbasierten Kreationsaktes** 4) Strategie Design interpretiert Strategieentwicklung als **organisationalen Lernprozess,** der zum Ziel hat, das Denken und Handeln der Mitarbeiter kontinuierlich zu verändern und damit die Zukunftsfähigkeit des Unternehmens sicherzustellen
Handlungsprinzipien	1) Der permanente BETA-Zustand des digitalen Zeitalters erfordert auf Unternehmensseite ein hohes Maß an **Agilität,** Flexibilität und Experimentierbereitschaft (nicht nur) im Strategieprozess. Wie Software-Updates müssen auch Strategien kontinuierlich überprüft, optimiert und angepasst werden 2) Um im digitalen Zeitalter erfolgsversprechende Strategie zu entwickeln, darf nicht die schnelllebige Technologie, sondern müssen die Kunden und ihre Bedürfnisse in den Mittelpunkt des eigenen Denkens und Handels gestellt werden. Konsequente **Kundenzentrierung** stellt jedoch für viele Unternehmen nach wie vor einen Paradigmenwechsel dar 3) Antworten auf vielschichtige Herausforderungen wie die Digitalisierung werden nur selten in isolierten Silos gefunden. **Kollaboration,** also die Zusammenarbeit in einem interdisziplinär besetzten Team, ermöglicht die gleichzeitige Betrachtung einer Fragestellung aus unterschiedlichen Perspektiven und ist für die Entwicklung innovativer Strategien essentiell 4) Getreu dem Grundsatz „fail often, but early" gilt es, schnell in Lösungen zu denken und Strategien zügig in Form eines **Prototyps** greif- und damit erfahrbar zu machen, mit dem Ziel, konstruktives Feedback der relevanten Stakeholder so früh wie möglich in die Strategieentwicklung einfließen zu lassen

Was Sie aus diesem essential mitnehmen können

- Begründung, weshalb das digitale Zeitalter eines neuen, ganzheitlichen Strategieverständnisses jenseits tradierter Planungslogiken bedarf.
- Einordnung und Besprechung relevanter Entwicklungen der Denkfigur Strategie im wissenschaftlichen Kontext von Planung und Management.
- Ansätze, wie die Methodik des Design Thinkings inhaltlich und organisatorisch auf die Strategieentwicklung und -umsetzung übertragen werden kann.
- Abgrenzung des Strategie Designs gegenüber klassischen Strategieansätzen anhand zentraler Dimensionen, Charakteristika und Handlungsprinzipien.

S. Walter, *Strategie Design*, essentials,
https://doi.org/10.1007/978-3-658-25997-6

Literatur

Anthony, S. D., Viguerie, S. P., Schwartz, E. I., & Van Landeghem, J. (2018). 2018 Corporate longevity forecast: Creative Destruction is accelerating. https://www.innosight.com/wp-content/uploads/2017/11/Innosight-Corporate-Longevity-2018.pdf. Zugegriffen: 26. Juli 2018.

Baumann, S. (2011). Consumer Insights – Der Stoff, aus dem Konsumträume sind. In A. Baetzgen (Hrsg.), *Brand-Planning – Starke Strategien für Marken und Kampagnen*. Stuttgart: Schäffer Pöschel.

Beinhocker, E. D. (2006). *The origin of wealth: Evolution, complexity, and the radical remaking of economics*. Boston: Harvard Business School Press.

Bettis, R. A., & Prahalad, C. K. (1995). The dominant logic: Retrospective and extension. *Strategic Management Journal, 16,* 5–14.

Bonchek, M. (2016). How to build a strategic narrative. *Harvard Business Review*, March 25. https://hbr.org/2016/03/how-to-build-a-strategic-narrative.pdf.

Brown, T. (2008). Design thinking. *Harvard Business Review, 86*(6), 84–95.

Christensen, C. M. (2013). *The innovator's dilemma*. New York: Harper Collins.

Drucker, P. (1985). *Innovation and entrepreneurship: Practice and principles*. New York: Harper Collins.

Föll, K. (2007). *Consumer Insight: Emotionspsychologische Fundierung und praktische Anleitung zur Kommunikationsentwicklung*. Wiesbaden: Gabler.

Fournier, S. (1998). Consumers and their brands: Developing relationship theory in consumer research. *Journal of Consumer Research, 24*(3), 343–373.

Gassmann, O., Frankenberger, K., & Csik, M. (2013). *Geschäftsmodelle entwickeln: 55 innovative Konzepte mit dem St. Galler Business Model Navigator*. München: Hanser.

George, G., & Bock, A. J. (2012). *Models of opportunity: How entrepreneurs design firms to achieve the unexpected*. Cambridge: Cambridge University Press.

Hamel, G. (1997). Reinventing the basis for competition. In R. Gibson (Hrsg.), *Rethinking the future* (S. 76–92). London: Rowan Gibson.

Hart, S. L. (1992). An integrative framework for strategy-making processes. *Academy of Management Review, 17*(2), 327–351.

Hautz, J., Seidl, D., & Whittington, R. (2017). Open strategy: Dimensions, dilemmas, dynamics. *Long Range Planning, 50*(3), 298–309.

Holt, D. (2002). Why do brands cause trouble? A dialectical theory of consumer culture and branding. *Journal of Consumer Research, 29*(6), 70–90.

S. Walter, *Strategie Design*, essentials,
https://doi.org/10.1007/978-3-658-25997-6

Holt, D. B., & Cameron, D. (2012). *Cultural strategy: Using innovative ideologies to build breakthrough brands*. Oxford: Oxford University Press.

Jenner, T. (2002). Marktliches Experimentieren. *WiSt, 31*(5), 285–287.

Jenner, T. (2003). Erfolg als Ursache von Misserfolg – Hintergründe und Ansätze zur Überwindung eines Paradoxons im strategischen Management. *DBW, 63*(2), 203–219.

Kelley, T. (2001). *The art of innovation*. London: Profile Business.

Kim, W. C., & Mauborgne, R. (2005). *Blue ocean strategy: How to create uncontested market space and make the competition irrelevant*. Boston: Harvard Business School Press.

Kruse, B. (2011). *Strategic discourse: Actors – Issues – Arenas*. Berlin: Logos.

Lebrecht, T. (2016). Make your strategy more agile. Harvard Business Review, October 31. https://hbr.org/2016/10/make-your-strategy-more-agile.pdf.

Liebl, F. (2001). Vom "Defining the Business" zum "Designing the Business": Auf dem Weg in eine Design Economy. *Design Economy, 8/9*, 6–9.

Liebl, F., & Düllo, T. (2015). *Strategie als Kultivierung*. Berlin: Logos.

Makridakis, S. (1996). Factors affecting success in business. *European Management Journal, 14*(1), 1–19.

McGrath, R. G. (2013). *The end of competitive advantage*. Boston: Harvard Business Review Press.

McGrath, R. G., & MacMillan, I. C. (2000). *The Entrepreneurial mindset: Strategies for continuously creating opportunity in an age of uncertainty*. Boston: Harvard Business Review Press.

Mintzberg, H. (1994). *The rise and fall of strategic planning*. New York: Free Press.

Mintzberg, H., Ahlstrand, B., & Lampel, J. (2004). *Strategy Safari: Eine Reise durch die Wildnis des strategischen Managements*. Wien: Ueberreuter.

Osterwalder, A., & Pigneur, Y. (2010). *Business model generation*. New Jersey: Hoboken.

Peters, T., & Waterman, R. H., Jr. (1982). *In search of excellence: Lessons from America's best-run companies*. New York: Harper & Row.

Porter, M. E. (1980). *Competitive strategy*. New York: Free Press.

Porter, M. E. (1996). What is strategy? *Harvard Business Review, 74*(6), 61–78.

Porter, M. E. (1997). Creating tomorrow's advantages. In R. Gibson (Hrsg.), *Rethinking the future* (S. 48–61). London: Rowan Gibson.

Prahalad, C. K., & Hamel, G. (1990). The core competence of the corporation. *Harvard Business Review, 68*(3), 79–91.

Preußig, J. (2015). *Agiles Projektmanagement – Scrum, Use Cases, Task Boards & Co*. Freiburg: Haufe.

Rappaport, A. (1986). *Creating shareholder value – The new standard for business performance*. New York: Free Press.

Ries, E. (2011). *The lean startup*. New York: Penguin.

Rogers, D. L. (2016). *The digital transformation playbook: Rethink your business for the digital age*. New York: Columbia University Press.

Schumpeter, J. (1912). *Theorie der wirtschaftlichen Entwicklung*. Berlin: Duncker & Humblot.

Schwab, K. (2016). Handlungsprinzipien zur Stärkung der Zukunftsfähigkeit im digitalen Zeitalter. http://www.bemorrow.com/wp-content/uploads/2017/09/160902_bemorrow_whitepaper_handlungsprinzipien.pdf. Zugegriffen: 7. Sept. 2018.

Schwenk, C. R. (1995). Strategic decision making. *Journal of Management, 21*(3), 471–493.

Van der Heijden, K. (2004). *Scenarios – The art of strategic conversation* (2. Aufl.). Chichester: Wiley.

Von der Eichen, F., Mack, T., & Matzler, K. (2018). Die Power von Start-ups nutzen. *Harvard Business Manager, 2018*(April), 34–39.

Wenger, E. C., & Snyder, W. M. (2000). Communities of practice: The organizational frontier. *Harvard Business Review, 78*(1), 139–145.